Zählen Lehrnen
50 Traktor Pannen

Ein Buch zum Zählen, Buchstabieren und zur Sicherheit

Copyright © M Larson

M Larson Books

Melanie Larson ist Mutter von drei Kindern und Bäuerin. Melanie und ihre Familie halten sich mit Traktorfahrten, Hockeyspielen und Outdoor-Abenteuern auf Trab.

www.mlarsonbooks.com

M Larson Books

Urheberrechte © M Larson May 2021

ISBN: 978-1-9992683-9-8

Alle Rechte vorbehalten.

Kein Teil dieser Publikation darf ohne schriftliche Genehmigung des Herausgebers, M Larson Books, Saskatchewan, Kanada, in irgendeiner Form oder mit irgendwelchen Mitteln, elektronisch, mechanisch, aufzeichnend oder anderweitig, reproduziert oder in einem Abrufsystem gespeichert werden.. Im Falle von Fotokopien muss eine Lizenz bei Access Copyright (Canadian Copyright Licensing Agency), 56 Wellesley Street West, Suite 320, Toronto, Ontario M5S 2S3 (1-800-893-5777) oder unter www.accesscopyright.ca.

1
Eins

2
Zwei

3
Drei

4
Vier

5
Fünf

6
Sechs

7
Sieben

8
Acht

9
Neun

10
Zehn

11 Elf

12 Zwölf

13

Dreizehn

14

Vierzehn

15
Fünfzehn

16
Sechzehn

17 Siebzehn

18 Achtzehn

19
Neunzehn

20
Zwanzig

21

Einundzwanzig

22

Zweiundzwanzig

23
Dreiundzwanzig

24
Vierundzwanzig

25 Fünfundzwanzig

26 Sechsundzwanzig

27
Siebenundzwanzig

28
Achtundzwanzig

29
Neunundzwanzig

30
Dreißig

31
Einunddreißig

32
Zweiunddreißig

33
Dreiunddreißig

34
Vierunddreißig

35
Fünfunddreißig

36
Sechsunddreißig

37
Siebenunddreißig

38
Achtunddreißig

39
Neununddreißig

40
Vierzig

41
Einundvierzig

42
Zweiundvierzig

43
Dreiundvierzig

44
Vierundvierzig

45
Fünfundvierzig

46
Sechsundvierzig

47
Siebenundvierzig

48
Achtundvierzig

49
Neunundvierzig

50
Fünfzig

Foto Credits:

1. https://i.pinimg.com/736x/6f/66/ef/6f66ef6ac41fc0f232bfbe2decb746db.jpg
2. https://www.facebook.com/FarmingGoneWrong/photos/a.185349961665666.1073741828.185334958333833/301991130001548/?type=3&theater
3. https://in.pinterest.com/pin/692921092643755188/
4. https://www.pinterest.capin111393790763155708autologin=true&lp=true
5. https://i1.wp.com/www.golddustfarms.com/wp-content/uploads/2013/06/2013-John-Deere-Stuck.jpg
6. httpswww.tractorbynet.comforumsfilesattachments606028d1558710162-flail-mower-me-tractor_fail-jpg
7. https://www.facebook.com/FarmingGoneWrong/photos/a.185349961665666.1073741828.185334958333833/375499429317384/?type=3&theater
8. https://in.pinterest.com/pin/692921092643754866/
9. https://in.pinterest.com/pin/692921092643754921/
10. https://in.pinterest.com/pin/692921092643754989/
11. https://www.pinterest.ca/pin/422001427566104030/
12. https://twitter.com/LynleyWyeth/status/1048836492741603333/photo/1
13. https://www.facebook.com/FarmingGoneWrong/photos/a.185349961665666.1073741828.185334958333833/218581368342525/?type=3&theater
14. https://www.pinterest.ca/pin/330873903848914847/
15. http://uberhumor.com/page/1641
16. https://belarusdigest.com/
17. https://www.facebook.com/ConstructionUps/photos/a.1695706037308212.1073741828.1695306030681546/2001640420048104/?type=3&theater
18. https://in.pinterest.com/pin/148126275224247237/
19. Contributed by K. Zerr 2017
20. https://www.facebook.com/FarmingGoneWrong/photos/a.185494801651182.1073741829.185334958333833/247834835417178/?type=3&theater
21. http://fox2now.com/2018/01/03/in-deep-trouble-illinois-mans-new-truck-stuck-frozen-after-illegal-four-wheeling/
22. https://www.bing.com/images/search?view=detailV2&insightstoken=bcid_SFysJChRmmIAvYRuxF3VWbPTbnww.....9c*ccid_XKwkKFGa&form=WPTOVS&idpp=wptovs&iss=SBIUPLOADGET&selectedindex=0&id=-765996265&ccid=XKwkKFGa&exph=0&expw=0&vt=3&sim=1&cal=0.05&cab=0.95&cat=0.05&car=0.95
23. https://www.facebook.com/FarmingGoneWrong/photos/a.185349961665666.1073741828.185334958333833/220175941516401/?type=3&theater
24. https://i.pinimg.com/736x/ba/d6/f7/bad6f7e0e58b0fbb0cc0f4c809471012.jpg
25. https://www.facebook.com/FarmingGoneWrong/photos/a.185494801651182.1073741829.185334958333833/347394692127858/?type=3&theater
26. https://www.facebook.com/FarmingGoneWrong/photos/a.185349961665666.1073741828.185334958333833/233048106895851/?type=3&theater
27. https://www.facebook.com/photo.php?fbid=1246520012088545&set=pb.100001916735972.-2207520000.1525807214.&type=3&theater
28. https://i.pinimg.com/236x/1a/e6/63/1ae6634a4b2ed230a044fc0eda37bf2e.jpg
29. https://www.pinterest.ca/pin/399061216962071032/
30. http://tractorsfarmmachinery.blogspot.ca/2013/06/john-deere-accident.html
31. Twitter (@gbowey)
32. https://www.facebook.com/FarmingGoneWrong/photos/a.185349961665666.1073741828.185334958333833/211730112360984/?type=3&theater
33. Contributed by M Zerr 2020
34. https://www.facebook.com/FarmingGoneWrong/photos/a.185349961665666.1073741828.185334958333833/639008696299788/?type=3&theater
35. https://in.pinterest.com/pin/692921092643755178/
36. https://www.pinterest.ca/pin/148126275223428169/
37. https://in.pinterest.com/pin/692921092643754994/
38. https://plus.google.com/u/0/114913029030924336437/posts/TjiqxHzCoNZ?cfem=1
39. https://www.facebook.com/photo.php?fbid=2294750003888283&set=p.2294750003888283&type=3&theater
40. http://i1.ytimg.com/vi/qQfWuoOUWaQ/maxresdefault.jpg
41. https://www.facebook.com/FarmingGoneWrong/photos/a.185494801651182.1073741829.185334958333833/346103922256935/?type=3&theater
42. https://in.pinterest.com/pin/692921092643754733/
43. https://www.facebook.com/FarmingGoneWrong/photos/a.185349961665666.1073741828.185334958333833/593482790852379/?type=3&theater
44. https://www.facebook.com/FarmingGoneWrong/photos/a.185349961665666.1073741828.185334958333833/223970344470294/?type=3&theater
45. https://www.pinterest.ca/pin/574701602419074669/?autologin=true
46. https://www.facebook.com/FarmingGoneWrong/photos/a.185494801651182.1073741829.185334958333833/290700021130659/?type=3&theater
47. https://www.facebook.com/FarmingGoneWrong/photos/a.185349961665666.1073741828.185334958333833/632334720300519/?type=3&theater
48. https://www.agweb.com/article/preventing-an-unwanted-baler-fire--naa-university-news-release/
49. http://www.keywordhungry.com/Y29tYmluZSBhY2NpZGVudHM/
50. https://www.pinterest.ca/pin/261279215854448108/?lp=true